L7K
9.67

Lk 967.

OBSERVATIONS

SUR

LES PONTS,

HALLES ET MARCHÉS, ETC.,

DE LA VILLE;

Par M. ROUGEOT, Receveur municipal.

BESANÇON,

Vᵉ DACLIN, Imprimeur du Roi.

1830.

Ces Observations ont été adressées au Conseil municipal. Depuis, j'y ai joint un supplément dont j'indique le motif. Comme elles se rapportent à des choses qui sont du plus grand intérêt pour notre Ville, j'ai pensé que c'était pour moi un devoir de les porter à la connaissance et de les soumettre au jugement de mes concitoyens ; c'est dans ce but que je les livre à l'impression.

OBSERVATIONS

SUR

LES PONTS,

HALLES ET MARCHÉS

DE LA VILLE,

PRÉSENTÉES AU CONSEIL MUNICIPAL.

Messieurs,

Occupés de divers projets de travaux qui ne peuvent être faits simultanément, embarrassés pour la priorité à leur accorder, je crains que vous n'aperceviez pas ceux qui sont de la plus grande utilité, et c'est sur ces derniers que je crois devoir appeler votre attention.

Malgré l'état prospère de vos finances, vous seriez loin de pouvoir satisfaire à toutes les dépenses qu'ils entraîneraient; mais, en les classant dans l'ordre de leur nécessité, en les faisant exécuter successivement dans cet ordre, et en remettant à d'autres temps ceux qui peuvent être différés avec le moins d'inconvéniens, vous ferez beaucoup; et si vous êtes obligés de recourir à une voie extraordinaire, comme l'emprunt, ce ne sera que pour remplir l'offre que vous venez de faire au Gouvernement.

Les plus nécessaires sont : la reconstruction complète du pont de Bregille, la restauration de celui de Battant, et quelques autres peu importans, qui n'exigeraient qu'une très-faible dépense. Tous ces travaux étant à faire dans la rivière, il importe de profiter de sa baisse actuelle pour leur exécution; les difficultés et la dépense seraient plus considérables, si on attendait que le nouveau barrage de St.-Paul fût construit et la brêche de celui de Taragnoz réparée. Cette considération seule devrait suffire déjà pour leur accorder la préférence sur ceux à faire hors de l'eau ; mais c'est la moindre de toutes ; ils sont, de plus, d'une nécessité absolue.

Le pont de Battant est le seul moyen de communication entre les deux principales parties de la ville, séparées par la rivière. Ce pont et celui de Bregille servent seuls à la communication de l'intérieur avec l'extérieur ; rien n'est donc plus pressant que d'en prévenir l'interruption.

Je n'ai pas besoin de dire dans quel état est le pont de Bregille, ou plutôt dans quel état est ce qui en reste, le peu de sûreté qu'il présente, et le danger qu'il court d'être détruit entièrement par la première crue de la rivière ; mais, ce que beaucoup ignorent, c'est que le pont de Battant est menacé d'une destruction imminente : c'est l'opinion générale des gens de l'art.

Dès-lors qu'il est reconnu qu'il faut reconstruire le pont de Bregille et restaurer celui de Battant, on jugera que cela ne peut se faire que successivement et en commençant par celui qui exige le moins de temps pour sa reconstruction, et c'est celui de Bregille. On considérera aussi que, lorsqu'il n'y a que deux ponts dans une ville importante, comme la nôtre, et que l'un doit suppléer l'autre, quand, pour réparer celui-ci, on est forcé d'en interdire le passage, il est de nécessité qu'ils soient propres à la circulation des voitures de toutes dimensions et de toutes charges, allant dans les sens opposés, et qu'ils comportent en outre un trottoir de chaque côté, pour les gens à pied.

Quelques personnes, tout en reconnaissant la nécessité de conserver le pont de Bregille, désireraient qu'un troisième pont fût placé au-dessous : elles ignorent tous les avantages du premier ; elles se font illusion sur ceux qu'on retirerait du nouveau pont, et n'ont d'ailleurs fait aucune attention aux difficultés de son établissement.

D'abord, le pont de Bregille est mieux placé que partout ailleurs, pour supporter le tuyau principal de nos fontaines, dont la source est très-rapprochée. De ce pont partent trois chemins principaux : l'un en face, et il est le seul propre aux voitures, communique au vaste plateau du Mont-de-Bregille; un autre, à droite, s'étend à l'extrémité du territoire, du côté de Chalezeule, et par ses ramifications, parcourt le flanc méridional et le flanc oriental de la montagne. Un troisième, à gauche, traverse en plusieurs sens le vallon des Chaprais, et par des embranchemens, communique par plusieurs points à la grande route de Baume et jusques près de la porte Battant. Aussi ce pont, quand il était ouvert aux voitures, était-il très-fréquenté par celles qui venaient des routes de Baume et de Montbozon, lorsqu'elles étaient destinées pour la partie haute et moyenne de la ville, ou qu'elles devaient sortir sans s'arrêter par la porte Notre-Dame *, mais surtout par celles de l'intérieur, même d'au-delà du pont de Battant, quand elles devaient se rendre au levant et au nord de notre banlieue ; et le prix de ces voitures, alors, n'était pas moitié de celui que l'on paie depuis qu'on est obligé de les faire tourner par Battant. Ce pont est couvert et protégé par une fortification extérieure, casematée, et par deux forts qui couronnent les hauteurs environnantes ; et, comme il est la seule communication de ces forts extérieurs avec la place, il est hors de doute que le génie militaire en exigerait la conservation. C'est par cette raison que, ne pouvant lui donner une solidité parfaite dans toutes ses parties, le dessus devant pouvoir s'enlever avec facilité, il suffirait de construire des piles en pierre pour supporter le tablier qui serait en bois.

* La rue Ronchaux, avec l'élargissement qu'elle vient de recevoir, si elle était prolongée par une percée à la Grand'-rue, serait la voie directe pour les voitures venant des portes de Bregille ou Notre-Dame, qui auraient simplement à traverser la ville ; ce qui, en leur évitant le grand circuit qu'elles font par Battant, ménagerait une étendue considérable de nos pavés.

Alors on aurait un pont dont la base aurait la durée des siècles. Ce pont ainsi construit, si la ville fournissait les bois qu'elle pourrait faire extraire de sa forêt, ne coûterait pas au-delà de 30 mille francs et serait fait dans trois mois.

On fonde le projet du troisième pont, 1° sur l'avantage qu'il y aurait d'y arriver en ligne droite de la place St.-Pierre, en passant par la rue Chiflet, que l'on élargirait dans toute sa longueur, au moyen d'acquisition de maisons et de jardins qui la bordent; 2° sur ce qu'au sortir du pont, on ouvrirait un chemin qui communiquerait ou à Palente, ou en deçà, ce qui faciliterait l'arrivée à la nouvelle halle des voitures venant des routes de Baume et de Montbozon, lesquelles passeraient du bout de la rue Chiflet dans la rue du Clos-St.-Paul, que l'on prolongerait jusqu'à cette halle, en même temps que cela détruirait les encombremens de la porte, de la rue et du pont de Battant; 3° sur les embellissemens que ce pont et ses accessoires procureraient à cette partie de la ville.

D'abord, on n'arriverait point au pont en ligne droite dès la place St.-Pierre, par la rue Chiflet, parce que cette rue, loin de faire suite à la rue St.-Pierre, la déborde et a son ouverture dans la rue des Granges. Le prolongement de la rue Clos-St.-Paul aurait un obstacle insurmontable dans le bâtiment des subsistances militaires qui lui fait face, et, indépendamment de cet obstacle, elle n'arriverait qu'à l'atelier de M. Gigandet, à un angle rentrant du rempart, point éloigné de la halle. Si on voulait une rue dans cette direction, il serait bien préférable de l'ouvrir dès la place des Jacobins, lui faire traverser les rues St.-Paul et Chiflet, pour se réunir ensuite à la rue de l'abreuvoir du St.-Esprit: elle serait parallèle à la rue Neuve, comme la rue des Granges l'est à la rue St.-Vincent. Abstraction faite de l'obstacle du bâtiment des subsistances militaires, le prix de toutes les acquisitions de maisons et de jardins nécessaires à l'élargissement de la rue Chiflet et au prolongement de la rue du Clos-St.-Paul, s'élèverait au moins de 150 mille à

200 mille francs. Que coûterait ce pont? quel serait le genre de construction qui serait adopté, et combien de temps pour cette construction? C'est ce que j'ignore; je sais seulement qu'il devrait avoir près du double de longueur que celui de Bregille. Au-delà de ce pont, il faudrait ouvrir un chemin nouveau de près d'une demi-lieue, à travers des clos qui entourent des maisons de campagne, peut-être même en en abattant quelques-unes. Ce qui donne du prix à ces maisons, ce qui a engagé à les construire, ce sont les clos qui les environnent : qu'on divise ces clos, qu'on les perce, on leur ôte, ainsi qu'aux maisons, leur valeur. Si on peut prendre les propriétés particulières pour un intérêt public, ce n'est que sous la condition d'une juste et préalable indemnité. Combien ce chemin nouveau coûterait-il? Plusieurs 100 mille francs, sans doute, supposant qu'on pût traiter à l'amiable. Nous avons un exemple de ce que coûtent à la ville des acquisitions de ce genre, dans celles que l'on a faites pour l'emplacement de la nouvelle halle. Mais si quelques propriétaires refusaient leur consentement, opposerait-on l'intérêt public? C'est une expression qui, comme toutes les autres, représente un fait, et c'est ce fait qu'il faudrait prouver : vous seriez parties au procès, et n'en seriez pas les juges. Et combien faudra-t-il de temps pour opérer ces acquisitions? si trois ans ont à peine suffi pour l'acquisition des maisons de la halle, nous ne pouvons pas en mettre moins de six pour celle-ci. Puis le chemin ouvert, il faudra l'établir, l'empierrer; et combien ces travaux coûteront-ils?

Mais il reste la plus grande difficulté à examiner. On prétend qu'un pont en fils de fer ne nécessiterait pas une fortification en dehors, pour le couvrir. C'est encore une illusion, et on peut s'en convaincre, en consultant, comme je l'ai fait, MM. les Officiers du génie. Or, s'il était indispensable d'établir une tête de pont, ce serait un ouvrage de 500 mille francs, à la charge de la ville. Ainsi, ce pont et ses accessoires entraîneraient à une dépense de plus d'un million; et pourquoi? A l'occasion d'un projet de halle dont l'emplacement et la construction sont déjà estimés à 750 mille francs. On dit enfin que ce seraient de grands embellissemens à ce côté de notre ville? Je ne le pense pas; car une tête de pont aurait le désavantage de nous ôter la vue du beau vallon des Chaprais.

Sans doute il ne faut pas négliger les embellissemens; mais il faut les faire avec prudence et discernement, en choisissant de préférence le centre de la ville, les rues les plus fréquentées, et en commençant par enlever ce qui est le plus hideux et le plus incommode. Qu'on élargisse d'abord cette rue Baron, ce cloaque infect, ce qui aurait dû déjà être fait quand la maison qui doit en procurer l'élargissement était en vente; la rue d'Anvers, et ce passage étroit qui de Porte-Noire conduit à la Métropole; qu'on perce cet impasse au coin de la place St.-Pierre; qu'on rectifie l'alignement de la Grand'-rue, principalement devant la fontaine des Carmes, et celui de la rue St.-Vincent, pour aligner, conformément à l'ancien plan de Longin, la fontaine des Clarisses sur la belle façade du Collége.

J'en vais indiquer encore de plus importans, en parlant de la restauration du pont de Battant.

Comme je l'ai dit, ce pont est tellement délabré, qu'il menace d'une ruine prochaine; il faut donc le rétablir, et en le rétablissant, y apporter des modifications nécessaires. Souvent embarrassé par les voitures, il est dangereux pour les gens à pied, et cet inconvénient serait plus grand si la halle était établie en-deça du pont, parce que toutes les voitures qui y amènent des denrées arrivant seulement par les portes de Battant, Charmont et Arênes, seraient obligées de le traverser. Ce ne fut donc pas sans motifs, comme on le voit, que nos pères placèrent la halle en-delà de ce pont. Par ses arches trop multipliées, basses et étroites, il doit être un obstacle à la navigation, comme il en est un à l'écoulement de la rivière. Il me paraîtrait donc convenable de supprimer les deux piles des extrémités, ce qui produirait la suppression de deux arches, et d'augmenter sa largeur de tout ce qui serait nécessaire à l'établissement des trottoirs de chaque côté.

Cette restauration est estimée 80 mille fr. Ce pont étant placé sur une route publique et sur une rivière navigable, pour ces deux motifs sa restauration devrait se faire par les soins des Ingénieurs des ponts-et-chaussées et aux frais de l'État, moins peut-être la partie de la dépense qu'entraînerait l'établissement des trottoirs. Si l'administration des ponts-et-chaussées, à cause de l'insuffisance des fonds qui lui sont alloués, refusait de s'occuper sans délai de ce travail, la ville devrait offrir d'en faire l'avance, sous condition de remboursement, ou en tant moins de l'offre qu'elle a à remplir. Ces trottoirs nécessitant pour l'alignement, l'élargissement de la rue du Pont, il faudrait, pour l'opérer, acheter les portions des maisons qui la bordent et que l'on démolirait, et obliger les propriétaires, pour leur reconstruction, à établir des façades uniformes des deux côtés. Il conviendrait en même temps de faire démolir ces autres constructions, la plupart en bois, aussi hideuses à la vue que dangereuses pour le feu, et qui sont des anticipations sur la rivière, des deux côtés du pont, les abords d'une rivière navigable devant être libres. Ces trottoirs, l'élargissement de la rue du Pont, la retraite des maisons pour laisser libres les abords de la rivière, sont indiqués déjà dans le plan général de la ville.

Dans cet état, le pont et ses avenues ne seraient jamais obstrués *.

* On pourrait encore dégager l'avenue de ce pont, devant l'église de la Madeleine et au bas de la rue de Battant : pour cela, il faudrait ouvrir une rue nouvelle qui, de Charmont, vis-à-vis la rue de Vignier, aboutirait en ligne droite à celle de Battant, au bas de la place Bacchus. Alors les voitures qui arrivent par la route de Dole pour aller sur celle de Strasbourg, et *vice versâ*, qui sont obligées de passer devant le pont, suivraient cette rue, beaucoup plus courte et plus commode. Ce serait une des plus faciles à faire, n'y ayant que deux maisons et quelques portions de jardins intermédiaires à acheter. C'est une simple idée que je mets en avant, pour la livrer aux réflexions de mes concitoyens.

Ces heureux changemens opérés, notre ville change d'aspect ; ce qu'elle a de plus laid et de plus incommode disparaît, pour faire place à des constructions élégantes. On satisfait ainsi à ce qu'il y a de plus nécessaire, en même temps que l'on procure les embellissemens les plus importans, auxquels rien ne pourrait être comparé. C'est par des travaux de cette espèce, que l'administration municipale serait certaine d'obtenir la reconnaissance de la Cité tout entière.

Il faut donc hâter d'abord la reconstruction du pont de Bregille, et ensuite la restauration de celui de Battant : on doit pourvoir au nécessaire, avant de s'occuper de ce qui ne serait qu'utile, et réparer ce que l'on possède, de préférence à penser à de nouvelles créations.

Ce que j'ai à dire des autres travaux dans la rivière, est de peu d'importance sous le rapport de la dépense. Dépossédés de la promenade de Chamars par les changemens qu'elle a subis, il faut s'en procurer une autre. Et comme si nos concitoyens avaient prévu ce qui devait arriver, ils avaient déjà fait choix d'un autre emplacement pour se promener ; c'est le chemin de la Mouillière. Cette position au dehors est la plus rapprochée, et aucune n'est aussi favorable : elle aura toute l'étendue nécessaire, depuis qu'on a joint à ce chemin l'île des Moîneaux, par le remplissage du canal qui les séparait ; mais ce remplissage n'est pas achevé ; il faut l'élever encore de près d'un mètre, ainsi que le chemin, pour qu'ils soient l'un et l'autre au niveau des terrains environnans, et à l'abri des débordemens trop fréquens de la rivière. Si les ingénieurs de la navigation l'ont commencé, ç'a été pour se débarrasser des terres et graviers provenant du creusage dans la partie de la rivière destinée à la navigation, et on s'abuserait si on pensait qu'ils l'achèveront. Ce sera donc à la ville à le terminer, toutefois après s'être assurée que ce travail est totalement abandonné. Des graviers, des attérissemens sont amoncelés au centre du lit de la rivière, et sont à découvert dans les basses eaux, mais ils cesseront probablement de l'être, quand la brêche de l'écluse de Taragnoz sera réparée. C'est donc dès ce moment qu'il faudrait s'occuper de ce travail, auquel on pourvoirait au moyen de tombereaux et de manœuvres pour les charger.

Tels sont les travaux que je crois les plus nécessaires, les plus urgens, et qui importent le plus à tous les habitans.

Il n'est pas moins indispensable de procurer à l'église réformée un temple, en remplacement de celui qu'on lui prend pour l'établissement de l'artillerie. Il reste quatre anciennes églises, dont trois sont devenues des propriétés particulières; la quatrième est au gouvernement. Si l'une de ces trois églises pouvait convenir à MM. du consistoire, qu'il est dans la convenance de consulter et aux désirs desquels il faut déférer, il faudrait l'amodier et au besoin l'acheter, de préférence à faire construire un nouveau temple.

A l'égard de l'offre de 500 mille francs faite au Gouvernement pour obtenir l'établissement de l'artillerie dans notre ville; pour la remplir, à supposer qu'elle soit acceptée, on pourrait employer d'abord la portion des fonds que la ville a à la caisse centrale et de service du trésor royal, qui restera libre après avoir satisfait aux dépenses que je viens de proposer, et pour le surplus, recourir à la voie de l'emprunt.

Quant à la construction de la nouvelle halle, elle peut être différée sans inconvénient : l'ancienne, qui remplit sa destination depuis des siècles, continuera de la remplir encore. Et que n'est-elle toujours occupée complètement ! Mais bien qu'exiguë, elle n'est embarrassée, néanmoins, qu'à certains jours de l'année, comme à la foire de la St.-Martin; le reste du temps, elle est plutôt vide que pleine. Croit-on qu'une halle plus vaste y attirerait plus de denrées ? C'est une illusion.

La position de notre ville et les rapports qu'elle a avec ce qui l'environne, déterminent l'état habituel de notre marché. Si Gray lui a toujours été contraire, parce que là sont conduits les blés et autres grains d'une partie du département de la Haute-Saône, ainsi que ceux de la Haute-Marne et de la Lorraine, pour être embarqués à la destination de nos provinces méridionales, il est à craindre que ceux provenant d'en-deçà de Vesoul et de la partie basse de notre département, qui restaient pour alimenter notre marché, ne s'écoulent de même par la rivière devenue navigable. Ainsi la navigation, loin de nous être favorable sous ce rapport, nous sera plutôt nuisible. J'ai entendu dire que les blés de l'Alsace nous arriveraient. Veut-on dire par là qu'on les amenerait à notre marché, parce qu'il y aurait des magasins pour les recevoir en dépôt, s'ils n'étaient pas vendus à leur arrivée ? Mais qui ne sait que les cultivateurs, les fermiers, ne s'éloignant que le moins possible de leur domicile, les conduisent au marché le plus proche ? Il n'y a que des spéculateurs qui pourraient les faire transporter au loin ; et pour ces blés ainsi transportés, nous serions en concurrence avec le midi. Aucun avantage ne nous est particulier. Pourquoi ne voir que nous, que notre marché, sur toute la ligne immense du Canal-Monsieur ? Les villes et bourgs qui le bordent, ont aussi des marchés. Croit-on de bonne foi qu'on préférera celui de la seule ville de guerre qui soit sur cette ligne, et dont les portes ou poternes sur la rivière se ferment à 6 heures en certaines saisons ? Non, le commerce fuit la gêne et recherche la liberté. Cent marchés seront préférés au nôtre. C'est ainsi qu'on s'était abusé sur les avantages que notre ville retirerait de la navigation pour le commerce en général. Des personnes pensaient que, parce qu'elle est à une distance égale de Strasbourg et de Lyon, elle allait devenir comme l'entrepôt naturel et nécessaire de toutes marchandises à la destination de ces deux villes, de la Suisse, et des pays intermédiaires. Ces espérances ne se sont pas réalisées. Quoique la navigation interrompue en amont et en aval de Besançon semblerait devoir arrêter la marche des bateaux, ils nous franchissent déjà et passent outre ; que sera-ce donc quand cette navigation sera complétée ?

Si du moins ces erreurs aujourd'hui reconnues généralement, pouvaient nous prémunir contre de nouvelles erreurs! Mais non; il est des personnes qui, quoique trompées dans leurs prévisions, ne se livrent pas avec moins d'ardeur à des spéculations incertaines. Une dernière considération est que le commerce des farines, autrefois inconnu, qui prend de l'accroissement de plus en plus, diminuant celui des grains, les halles aux blés seront d'autant moins occupées : nous voyons tous ceux qui font ce commerce, les placer dans leurs magasins particuliers, parce que cette marchandise exige des soins pour sa conservation.

Hé! quoi, dira-t-on : retarder encore la construction de cette halle, quand les maisons pour son emplacement, achetées au prix de 300 mille francs déjà payés, sont pour la plupart démolies? Mais de ce que le plan a été adopté avec quelque légèreté, et qu'il y en a eu à opérer la démolition de ces maisons qu'il eût été prudent de ne faire qu'au moment où l'on eût commencé cette construction, sont-ce des motifs déterminans pour continuer d'agir ainsi? Puisqu'on ne peut exécuter simultanément tous les travaux projetés, je le répète, il faut d'abord pourvoir à l'indispensable, avant de s'occuper de l'utile : et pourrait-on, de bonne foi, comparer cette halle avec les ponts, sans lesquels cesse toute communication intérieure et extérieure? Supposons, pour un instant, que les chefs de famille de la ville pussent être consultés, et qu'on laissât à leur décision cette question de préférence, pense-t-on que, sur quatre mille, il y en eût bien 40 ou 50 qui prononçassent en faveur de la halle? Cependant ces vœux, quoique non exprimés, ne sont pas moins connus. D'ailleurs, Messieurs, le plan de cette halle n'a point été assez étudié ; deux conditions essentielles à une adoption définitive, lui ont manqué ; la concurrence et la publicité. Qu'on n'oppose pas son acceptation par le Ministère? Cette acceptation ne peut effacer les défauts dont je viens de parler. C'est pour beaucoup de personnes un sujet d'étonnement, qu'on veuille édifier des salles de bal dans une halle, et que sa construction doive s'élever, suivant le devis, à 450 mille francs. Cette énorme dépense aurait pu être diminuée, par l'emploi des matériaux provenant des démolitions des maisons acquises pour son emplacement, et ils ont été vendus à vil prix. Ce que je dis ici est l'opinion de tous les hommes de l'art que j'ai été à même d'entendre.

C'est donc un projet à étudier de nouveau, comme celui de la reconstruction du pont de Bregille : il faut appeler sur ces projets les lumières des gens de l'art, établir un concours, et assurer des prix aux auteurs des plans qui seront adoptés. Peut-être jugerez-vous encore qu'il sera nécessaire de recueillir les avis de nos concitoyens qui auront assez de zèle pour s'occuper de ces grands intérêts.

Les dépenses communales s'acquittent avec les revenus communaux, qui appartiennent à la communauté, c'est-à-dire à tous, et par des tributs levés sur tous. Il est juste, sinon qu'ils délibèrent sur ces dépenses, du moins que leurs vœux soient écoutés. Et vous ne ferez pas moins à leur égard, que ce qui a été fait par le conseil municipal de Paris, dans une circonstance à peu près semblable, et dont le Préfet de la Seine, comme président, lui a rendu compte en ces termes : « Vous savez, lui a-t-il dit, à combien
» d'études, à combien de discussions, les gens de l'art
» se sont livrés pour ce projet. Pour éclairer complètement
» les difficultés, vous avez voulu inviter le public à vous
» fournir ses observations; sage détermination, utile appel,
» qui fait concourir chaque citoyen au bien de l'adminis-
» tration, et qui vous honore doublement, Messieurs, en
» montrant avec quel zèle et quelle bonne foi vous cherchez
» la lumière, et avec quel scrupule vous remplissez votre
» noble tâche. »

Je dois donner présentement l'aperçu des dépenses qu'occasionneront les travaux indispensables et pressans que j'ai indiqués; et préférant excéder la réalité, plutôt qu'à rester au-dessous, j'estime :

1° La reconstruction du pont de Bregille. à . 40,000 f.
2° La portion de la dépense de restauration de celui de Battant, par rapport à l'établissement des trottoirs, à 40,000
3° Le prix des acquisitions de maisons de la rue du Pont, à 100,000
4° Les transports de graviers à la promenade de la Mouillière, à 5,000

Total de la dépense. 185,000
La ville a en réserve à la caisse de service environ 380,000

Il resterait libre la somme de 195,000

Les recettes restent à peu près les mêmes, et si, en acquittant beaucoup de dépenses extraordinaires qui ne se retrouveront plus, il m'a été possible de faire des placemens considérables à la caisse de service, on pourra acquitter les intérêts de l'emprunt à ouvrir, en même temps que des annuités en remboursement du capital. Les églises, les presbytères, sont dans le meilleur état possible ; de long-temps ils n'exigeront des réparations : on pourrait aussi, sinon supprimer, du moins diminuer quelques dépenses, plutôt de luxe que de nécessité.

En soumettant à vos lumières ces Observations que je crois utiles, j'obéis au zèle qui m'anime pour les intérêts de notre Cité ; vous jugerez, Messieurs, si elles méritent de fixer votre attention, ce qui est le but que je me suis proposé.

SUPPLÉMENT.

Dans mes Observations, je n'avais considéré la nouvelle halle que sous le point de vue de son peu d'utilité, comparée avec la nécessité urgente de la reconstruction de nos ponts, ce qui était suffisant pour démontrer que la ville, ne pouvant satisfaire simultanément à toutes les dépenses qu'exigeaient tant de travaux divers qu'elle projetait, elle devait accorder la priorité à cette reconstruction : il restait à la considérer sous le point de vue bien autrement important, de son emplacement, et de la dépense de sa construction, comparés avec celui de la halle actuelle et de la dépense des améliorations dont elle est susceptible, ainsi que des avantages qui devaient résulter de l'une et de l'autre. Mais je remettais à traiter cette question, au temps où l'on se serait préparé à faire construire cette nouvelle halle. Le projet pouvait être abandonné ; déjà plusieurs membres du conseil avaient témoigné des repentirs de lui avoir donné leur approbation ; d'autres pouvaient les imiter. Cependant, ayant appris que le conseil municipal, négligeant des travaux plus nécessaires, était dans la résolution de le faire exécuter, j'ai jugé que je devais examiner cette question sans plus de délai.

Les partisans de ce projet se fondent sur les défectuosités de la halle actuelle et sur les avantages de la nouvelle.

Ces défectuosités sont, son exiguité ; la difficulté pour les voitures d'y entrer par la porte qui est dans la rue de Battant, et les embarras qu'elles occasionnent dans la rue du Pont, quand elles y pénètrent par la porte qui est de ce côté ; le manque de greniers au-dessus de ses galeries, pour servir de magasins et d'entrepôt aux grains non vendus ; son peu d'apparence au dehors, parce qu'elle est entourée de maisons particulières sur les deux rues ; sa situation trop peu centrale ; enfin, le peu de beauté de sa construction.

Les avantages de la nouvelle seraient d'être plus spacieuse, d'avoir des greniers, d'être d'une construction régulière et élégante, ce qui donnerait l'espérance d'y attirer un grand concours de marchands, et de retirer de son amodiation un prix équivalent à l'intérêt de la dépense qu'elle aurait coûtée.

Je suis déjà convenu de l'exiguité de la halle actuelle :

bien que l'ayant observée de nouveau à la dernière foire (24 mai), je n'y ai aperçu aucun embarras, tandis que j'en ai remarqué infiniment sur la place de l'Abondance et à toutes ses avenues. Je reconnais aussi qu'elle manque de greniers au-dessus de ses galeries, et de portes suffisantes pour en faciliter l'entrée et la sortie aux voitures. Mais ces vices peuvent être corrigés facilement, en achetant, pour l'agrandir, 1° les portions de deux ou même des trois maisons qui la séparent de l'ancienne maison Daclin; 2° la partie de derrière des autres maisons qui l'entourent, laquelle s'étend sur ses galeries, dont on ferait des greniers ou magasins; 3° en remplaçant les deux portes sur la rue de Battant, par deux grandes portes qu'on renfoncerait pour faciliter l'entrée et la sortie des voitures. Quant à la porte qui est sur la rue du Pont, les voitures entrant ou sortant de ce côté ne causeraient aucun encombrement, après l'élargissement que cette rue doit recevoir. Alors cette halle, qui aurait trois fois son étendue actuelle, serait plus spacieuse qu'il ne serait nécessaire, et remplirait toute sa destination. Elle est aussi centrale que la halle projetée, n'y ayant de séparation entr'elles que la rivière. Sa situation est infiniment plus favorable, parce que, comme on l'a déjà dit, les voitures de denrées qui l'alimentent, arrivant par les portes d'Arênes, Charmont et Battant, ne passent pas sur le pont déjà assez fréquenté, et que les voituriers, après avoir opéré leurs déchargemens, les conduisent aussitôt aux auberges qui sont à la proximité; parce que, bordant la rivière par un de ses côtés, les bateaux qui amèneraient ou prendraient des grains, se déchargeraient et se chargeraient avec la plus grande facilité et sans frais. Si elle est peu remarquable à l'extérieur, elle s'annoncerait assez au moyen des portes que j'ai indiquées : d'ailleurs, il n'y a dans toutes les villes qu'une halle aux blés, et personne n'ignore où elle est placée. Sa construction est commune : et qu'importe ? la beauté essentielle d'une halle consiste dans son étendue, et dans la facilité pour les voitures d'y entrer, y circuler et en sortir.

La nouvelle halle ne serait pas plus vaste ; et, le fût-elle davantage, ce qu'elle aurait de plus serait inutile. Elle aurait des greniers au-dessus de ses galeries : l'ancienne en peut recevoir ; sa construction élégante serait un monument de belle architecture : et à quoi bon ? Il faut réserver les beautés de cet art, qui seraient ici mal appliquées, pour un temple, un palais, pour un hôtel-de-ville dont nous manquons, car celui que nous avons est indigne de ce nom. Pour arriver à cette halle, les voitures de g... seraient obligées de passer le pont de Battant, déjà trop embarrassé par les autres voitures et les piétons, puis la rue des Boucheries, et de traverser ensuite la place de l'Abondance par un de ses côtés ou par son centre, ce qui nuirait considérablement au marché journalier de jardinage, de fruits et autres comestibles, pour lequel elle suffit à peine. Ces vices, qui avaient échappé d'abord aux auteurs du projet (ce qui prouve qu'il n'a pas été assez étudié), sont reconnus maintenant, et pour y remédier, on projette de nouveaux ponts, de nouvelles rues. L'un place un pont qui, du dessus de la rue de Battant, aboutirait au St.-Esprit ; d'autres veulent l'établir en face de l'abreuvoir St.-Paul, avec de nouvelles rues au dedans et un nouveau chemin au dehors. Aucun de ces auteurs de projets fantastiques ne prend la peine de s'enquérir ni des obstacles qui peuvent s'opposer à leur exécution, ni des dépenses onéreuses auxquelles ils entraîneraient. Les turiers arrivés à la halle, dans l'éloignement de leurs au berges, attendraient la vente de leurs denrées pour y conduire leurs voitures vides, ce qui serait une cause d'embarras dans l'intérieur. On dira qu'il s'en établira bientôt dans le voisinage ? Mais il faut des maisons convenables à ce genre d'industrie, et du temps est nécessaire pour amener ces changemens. Puis il est toujours dangereux d'apporter du trouble dans l'exercice des professions, et de transporter, par suite de changemens de situation des établissemens publics, le domicile de certaines classes d'habitans des extrémités de la ville à son centre. Cette halle étant à un certain éloignement de la rivière et du côté du hallage, les déchargemens et chargemens des bateaux seraient plus difficiles, et des voitures seraient nécessaires pour conduire les denrées de l'une à l'autre.

De cette comparaison de situation des deux halles, il résulte que tous les avantages sont attachés à la halle actuelle, et que les désavantages seraient pour la halle nouvelle : les commodités intérieures étant les mêmes, l'une et l'autre s'amodieraient le même prix ; et cependant la dépense de construction de la nouvelle halle, réduite, comme on le dit, de 120 mille francs, resterait encore pour 330 mille, abstraction faite de celle que nécessiterait l'ouverture de nouvelles rues, l'établissement d'un nouveau pont et d'un chemin nouveau au dehors ; tandis que les changemens à apporter à la halle actuelle, ne coûteraient que 100 mille francs, ce qui donnerait une différence en bénéfice pour la ville, de 230,000 francs.

On objectera peut-être que la somme à laquelle j'évalue ces changemens est trop faible, comparant le prix des acquisitions à faire pour les opérer, à celui des acquisitions des maisons pour l'emplacement de la halle nouvelle. Je répondrai qu'il n'y a point de parité entre ces acquisitions. Les premières étant faites pour donner à un marché public ancien un développement plus considérable, que l'augmentation de la population rend nécessaire, elles auraient pour motif incontestable l'utilité publique. Déjà ces portions de maisons à acheter sont grevées de servitude envers la halle, car leurs croisées des deux étages donnant sur la cour de cette halle, sont garnies de barreaux de fer placés au-dedans de leur ouverture ; et si les propriétaires qui gagneraient déjà à sa conservation, refusaient de vendre les portions de leurs maisons pour cet effet, aux prix d'une estimation consciencieuse, on aurait le droit de les exproprier. Il en était autrement de celles faites pour l'emplacement de la halle projetée ; comme l'intérêt public dont on se prévalait, n'était pour beaucoup de personnes qu'un motif spécieux et non réel, il eût pu être contesté avec avantage, et c'est ce qu'on a voulu éviter.

Mais que faire de cet emplacement acheté à si haut prix ? Cette question, différente de celle de la construction de la halle, que je viens de résoudre négativement, je vais l'examiner. Nous sommes dans une situation toute nouvelle. Déjà nous n'avions pas assez de places publiques pour servir à des marchés spéciaux, et on vient de céder aux établissemens de l'artillerie, celle de l'hôpital où se tenait le marché journalier des fourrages, et celle des Jacobins servant au marché également journalier des bois de construction et du bétail. Comme il ne reste que celle de l'Abondance et une faible partie de celle de St.-Jean*, qui ne mériterait plus le nom de place, si elle ne devait être agrandie dans la suite par la démolition projetée du groupe de maisons qui l'avoisinent, places à peine suffisantes pour la vente du jardinage, des fruits et autres comestibles, il est nécessaire de transporter ailleurs les deux marchés qui vont être supprimés, et cet emplacement me paraît propre à les recevoir. Pour cet effet, on conserverait, pour les amodier, les maisons qui sont sur la rue du St.-Esprit, parce qu'elles ne nuiraient pas à ces marchés ; on acheverait de démolir celles de la rue de Glères et de la rue des Noyers ; on nivellerait le sol, pour le rendre propre à cette nouvelle destination, et, dans cet état, on l'amodierait, après avoir fixé les taxes à payer pour chaque voiture de fourrages ou de bois, et pour chaque tête de bétail. Il conviendrait aussi de changer l'alignement du bas de la rue des Granges et de l'élargir, pour faciliter l'entrée des voitures de bois de construction qui arriveraient par cette rue. J'estime le produit de ces amodiations à environ 8 mille francs. C'est encore une considération de plus en faveur du maintien de la halle actuelle, qui, ne pouvant

---

* J'ai remarqué que, tout récemment, on a élevé un étage sur le rez-de-chaussée d'une de ces maisons qui a un front sur cette place. Il me paraît qu'on n'aurait pas dû autoriser cette construction.

servir à aucun autre service public ni être utile à des particuliers, ne donnerait aucun revenu, si on lui ôtait sa destination; tandis que l'emplacement de la nouvelle ainsi amodié, outre qu'il satisferait à des besoins publics, représente, par son produit annuel, un capital de 160 mille francs à ajouter à celui de 230 mille, ce qui donnerait un bénéfice total de 390 mille francs.

Si je suis entré dans cette discussion, ce n'a pas été dans le dessein de demander qu'on fît incessamment les augmentations dont la halle actuelle est susceptible, mais seulement pour démontrer qu'il serait préférable, si on en reconnaissait l'utilité, de les exécuter dès ce moment, à faire construire la halle nouvelle, tant à cause des avantages de la situation de la première, qu'à cause de l'économie dans la dépense. Je pense, ainsi que je l'ai dit dans mes premières Observations, qu'on peut remettre à s'occuper de cet objet quand on connaîtra les résultats, pour notre ville, de la navigation qui sera complétée dans moins de deux ans. Avec nos recettes, nous pouvions, les années précédentes, non-seulement payer les dépenses ordinaires et extraordinaires prévues et portées dans les budgets, mais faire encore quelques placemens à la caisse de service. Comme il est présumable que ces recettes seront diminuées, en 1831, du produit des taxes sur les boissons, lequel s'élève annuellement à environ 45 mille francs (voir le rapport du Ministre des finances au Roi, sur le budget de 1831), elles suffiront à peine à acquitter ces dépenses, qui s'augmenteront de celles de l'intérêt de l'emprunt destiné à remplir l'offre de 500 mille francs, et des annuités en remboursement du capital. Seulement je cesserai de pouvoir faire des placemens à la caisse de service, comme j'en ai fait précédemment.

Ainsi la ville ne peut disposer, pour les dépenses de ces grands travaux, que de sa réserve de fonds placés à la caisse de service du trésor royal, qui est de. . . . . 380,000 f. »

A reporter. . . . . . 380,000 »

Report.	380,000 f.	»
Supposant la construction de la halle nouvelle, ce serait déjà à dépenser, ci.	330,000 f.	»
Force est de reconstruire le pont de Bregille, autre dépense de	40,000	»
Il faudra pourvoir à un temple pour l'église réformée, et si on est obligé de le construire, c'est encore une dépense de.	80,000	»
Total de la dépense. . . .	450,000 » 450,000	»
D'où résulte un excédant de dépense ou déficit de.	70,000	»

Il y a deux moyens d'éteindre un déficit; c'est de diminuer les dépenses ou d'augmenter les recettes. Le premier est préférable, quand il est possible, et il l'est dans le cas présent.

	Fr.	C.
Je viens d'établir un déficit de.	70,000	»
Qu'on retranche de ces dépenses, et que ce soit pour toujours, la dépense de construction de la nouvelle halle, qui s'élève à.	330,000	»
Au lieu d'un déficit, on aura un excédant de recette de.	260,000	»
au moyen duquel on pourra procurer l'élargissement de la rue du Pont, dont la dépense sera de. . . . . 100,000 »		
et faire au besoin l'avance nécessaire à la restauration du pont de Battant, qui sera de. . . . . . . 80,000 »		
	180,000 » 180,000	»
L'excédant de recette ne sera plus, pour le moment, que de.	80,000	»
mais s'augmentera, par le remboursement de cette avance, de.	80,000	»
Il sera en définitif de.	160,000	»
A reporter.	160,000	»

	Fr.	C.
Report........	160,000	»

Alors il sera possible de ne pas remettre à un autre temps les améliorations à faire à la halle actuelle, dont le dépense sera de. ... 100,000 »

Ce qui réduira l'excédant de recette à 60,000 »

J'ai dit l'avance par rapport à la restauration du pont de Battant, et c'est avec raison; car j'avais présumé à tort, dans mes premières Observations, qu'une partie de la dépense qui se rapporterait à l'établissement des trottoirs, pourrait être mise au compte de la ville. Depuis, j'ai appris qu'un ingénieur des ponts et chaussées (M. Vauquelin) avait fait, il y a deux ans, un projet conforme aux vues que j'ai présentées. Il résulte de ce fait deux choses: 1.° que cet ingénieur avait déjà reconnu à cette époque la nécessité de cette restauration, nécessité plus impérieuse actuellement; 2° que la dépense en totalité devait être à la charge de l'Etat ou du département; car, pourquoi aurait-il fait un plan à la dépense d'exécution duquel la ville aurait concouru, n'ayant aucune mission d'elle à cet égard?

On objectera peut-être que ce pont devant être rétabli aux frais de l'Etat et par les soins de MM. les Ingénieurs civils, l'administration municipale ne doit prendre aucune part à ce rétablissement? Mais est-il un intérêt plus grand, plus général pour les habitans, que le maintien de cette seule voie de communication entre les deux divisions de la ville, et de l'intérieur de cette ville avec le dehors, et n'est-il pas de son devoir de veiller à la conservation de ce qui importe le plus à ses administrés? Loin de garder le silence sur un objet aussi important, elle doit, au contraire, lui donner tous ses soins, faire et multiplier au besoin ses demandes jusqu'à ce qu'elle ait obtenu satisfaction, offrant de pourvoir, à ses frais, à l'élargissement de la rue du Pont, lequel doit suivre celui du pont même.

J'ai exposé les motifs qui doivent faire préférer les améliorations à donner à la halle actuelle, à la construction de la halle projetée, les avantages de la situation de la première, la nécessité de la restauration du pont de Battant, de l'élargissement de la rue du Pont, et les embellissemens que ces travaux procureraient à la ville.

Et on vient de voir encore que, dans l'hypothèse de la construction de la nouvelle halle, de celle du pont de Bregille et de celle du temple protestant seulement, on aurait un déficit de. . . . . fr. c.
70,000 »

et, au contraire, que dans celle des améliorations à donner à la halle actuelle, de la reconstruction du pont de Bregille, de la construction du même temple, de la restauration du pont de Battant et de l'élargissement de la rue de ce pont, il y aurait un excédant de recette de. . . . . 60,000 »

Ce qui présente, indépendamment des avantages de ces deux derniers ouvrages, si importans et si nécessaires, dans cette seconde hypothèse, une différence en bénéfice de. . . 130,000 »

A quoi ajoutant, comme je l'ai dit déjà, le capital que représenterait le produit annuel de l'amodiation des maisons et des marchés qu'on établirait dans l'emplacement de la halle projetée, qui est de. . . . . 160,000 »

Outre que, par ces marchés, on aurait satisfait à des besoins publics dont on serait privé dans la première hypothèse, un bénéfice de. . . . . 290,000 »

Comme on le voit, toute la question est dans l'alternative ou de construire la halle projetée, ou d'améliorer l'ancienne. Dans le premier cas, il y a un déficit de 70 mille francs, et l'élargissement de la rue du Pont de moins ; dans le second, un excédant réel en espèces de 60 mille francs, avec l'élargissement de cette rue du Pont en plus, et en outre une valeur immobilière de 160 mille francs.

Si on construisait la halle nouvelle, il faudrait pourvoir à couvrir ce déficit, et ce ne pourrait être avec les recettes ordinaires; force serait de recourir à l'octroi, soit en élevant les droits établis, soit en en établissant de nouveaux ; ce seraient de nouvelles charges imposées aux habitans, qui exciteraient des plaintes, des réclamations. En supposant cette difficulté franchie, il s'en présenterait d'autres. Ce n'est pas assez pour une grande ville de n'être pas en déficit; mille besoins imprévus peuvent se présenter, auxquels il faut satisfaire, et pour cela il est de la prudence d'avoir constamment une réserve de fonds disponibles. D'ailleurs, tant de choses restent à faire, et toutes plus intéressantes que cette halle; nous avons à apporter des changemens depuis longtemps reconnus nécessaires, dans les égoûts qui sont si défectueux; il faut les agrandir et augmenter leur pente, pour faciliter l'écoulement des eaux pluviales et des immondices. Ces changemens, qu'on ne pouvait exécuter ci-devant, l'état actuel de la rivière permet de les opérer. On demande, et avec raison, des eaux de fontaine en plus grande abondance pour le lavage des rues, secours aux incendies et les gros ouvrages domestiques. Il y a aussi des rues à élargir, et pour cet élargissement il faut acheter des maisons. C'est cet ensemble de travaux qu'on doit avoir présent à l'esprit, lorsqu'on s'occupe de la fixation des dépenses, pour les arrêter suivant leur nécessité et les fonds dont on peut disposer; autrement on s'égare. Déjà il en a été fait largement et pour des ouvrages qui n'ont pas tous obtenu l'approbation publique ; plus de réserve devient nécessaire. Il est loin de ma pensée de mettre en doute, ni les lumières, ni le zèle de l'administration pour les intérêts de la ville. Mais un zèle trop vif, que n'accompagne pas assez la réflexion, peut être aussi nuisible que l'insouciance même qui ne sait rien faire ni rien prévoir. Quand il s'agit de choses importantes, on ne peut trop les étudier ni trop rechercher les conseils étrangers : et si, malgré ces soins, on s'était trompé, on aurait du moins un motif de consolation dans les moyens qu'on aurait pris pour se garantir de l'erreur.

Qu'on abandonne donc le projet de cette halle nouvelle, dont j'ai démontré l'inutilité et les désavantages.

Son exécution, d'ailleurs, ne pourrait avoir lieu qu'au moyen de nouvelles charges qui seraient imposées aux citoyens. Au lieu de cette halle, qu'on donne à l'ancienne les améliorations proposées, qui la rendront cent fois préférable à la nouvelle ; et on pourra encore exécuter les autres ouvrages nécessaires et indispensables qui procureraient à la ville les embellissemens les plus importans, sans qu'il soit nécessaire non seulement d'augmenter les recettes, mais encore en se ménageant une réserve de soixante mille francs en espèces, outre la jouissance de marchés publics dont l'amodiation augmenterait annuellement la recette de huit mille francs. Cette proposition est si évidemment dans l'intérêt de la Cité, qu'elle doit obtenir l'approbation de l'administration et de tous les citoyens.

Besançon, Ve. DACLIN, Imprimeur du Roi. (1830).

www.ingramcontent.com/pod-product-compliance
Lightning Source LLC
Chambersburg PA
CBHW060723050426
42451CB00010B/1595